KB268640

우리 시대 현대시조 100인선 73

겨울 약속

홍 성 란

태학사

우리 시대 현대시조 100인선 73

겨울 약속

초판 인쇄 2000년 12월 6일 • 초판 발행 2000년 12월 11일 • 지은이
홍성란 • 펴낸이 지현구 • 펴낸곳 태학사 • 주소 서울시 서초구 서초
2동 1357－42 • 전화 (02) 584－1740 (代) • 팩스 (02) 584－1730 • e-mail
thaehak4@chollian.net • www.thaehak4.com • 등록 제22－1455호

ISBN   89-7626-588-2   04810 • ISBN   89-7626-507-6   (세트)

☞ 저자와 협의하에 인지를 생략합니다.
☞ 파본은 구입한 곳이나 본사에서 바꾸어 드립니다.

담양 〈가사문학관〉 개관 기념 학술세미나에서 성균관대학교 대학원 〈시가와 소설〉 회원들과 함께(가운뎃줄 중앙에 계신 분이 김학성 교수님)(2000)

백담사의 큰스님과 함께(왼쪽부터 정수자 시인, 중앙일보 종교전문위원 이은윤, 조오현 스님, 필자, 소설가 이계홍)(2000)

만해축전과 함께 열린 〈오늘의 시조학회〉 백담사 세미나에서(왼쪽부터 필자, 고은, 이근배, 윤금초 시인)(2000)

대산문화재단 창작지원금 받던 날(이근배, 윤정구, 정숙자, 노명순 시인과 함께)(1997)

차례

제2부 겨울 약속

제3부 상도2동 산번지

제1부 담색어리표범나비

담색어리표범나비 · 1

술잔도 5도쯤에서 흔들흔들 웃고 있다
숨결 향기롭게 풀어헤친 하오
희미한 복선을 깔고 슬라이드 돌아간다

바보 같은 꽃들아 긴 모가지 거두어라
취한 듯 앉았다가 그늘 걷듯 가버릴
한 떼의 금빛 무리 속 벌레처럼 누웠구나.

담색어리표범나비 · 2

눈물의 볕살 아래 피어난 꽃들이여

적막한 도심에서 홀로 지는 꽃들이여

사(赦)하라. 이 무죄의 굴레, 이 철책의 방랑벽,

그리운 별, 혹은 갈망

간성 어디쯤 확 쏟아지는 별들 만나고 싶어
마음 속 우러러 너를 보면 너 거기 있는데
없던 강, 너와 나 사이에 흐린 강이 흐른다

사랑한다는 건 얼만큼의 자유를 버린다는 걸까
누구도 그렇다면 난, 사랑하지 않았다
끝없이 나는 자유를 갈망해왔으므로

잠시 빌린 네 마음 이제 돌려주려 하나니
너, 있는 듯 떠나 행복해졌으면 좋겠다
아득히 먼 옛날부터 내 것 아닌 네 마음.

봄이 오면 산에 들에

단비 한번 왔는갑다 활딱 벗고 뛰쳐나온 저년들 봐, 저
년들 봐. 민가에 살림 차린 개나리 왕벚꽃은 사람 닮아 왁
자한데,

노루귀 섬노루귀 어미 곁에 새끼노루귀, 얼레지 흰얼레
지 깽깽이풀에 복수초, 할미꽃 노랑할미꽃 가는귀 먹은 가
는잎할미꽃, 우리 그이는 솔붓꽃 내 각시는 각시붓꽃, 물
렀거라 왜미나리아재비 살짝 들린 처녀치마, 하늘에도 땅
채송화 구수하니 각시둥굴레, 생쥐 잡아 괭이눈 도망쳐라
털괭이눈, 싫어도 동의나물 낯두꺼운 윤판나물, 허허실실
미치광이 달큰해도 좀씀바귀, 모두 모아 모데미풀 한계령
에 한계령풀, 기운 내게 물솜방망이 삼태기에 삼지구엽초,
바람둥이 변산바람꽃 은밀하니 조개나물, 봉긋한 들꽃 산
꽃 두팔 가린 저 젖망울

간지러, 봄바람 간지러 홀아비꽃대 남실댄다.

창(窓) 내고저, 창(窓) 내고저

봄 들면 언 땅 녹아 가을비 오면 흙이 물러
닭장 엎고 토끼장 덮치던 언덕 아래 우리 집은
보상금 몇 푼에 헐려버린 슬레이트 이은 집

남몰래 쌓여온 허기 나눌 수는 없어라
퍼내고 퍼내어도 장마 지면 물 괴는 부엌바닥, 나란히
앉은 아궁이 옆엔 한 평 마루 누워 있고 구멍난 지붕 부
끄러워 아무도 모르는 우리 집, 어둠 오려낸 채광창 쏟아
붓는 별무리 팔베개에 안겼네, 작은 우주 흘러왔네『제인
에어』 행간으로 햇살이 들여다보고 가랑잎 신문조각도 이
마 위로 다녀가고, 털끝 하나 못 건드리고 모래바람 쓸고
가면 우느냐, 왜 우느냐 나중으론 별들이 와 맨마음 환히
달래던 그리운 개발연대(開發年代)
어두워, 왜 오늘 어두워 천장으로 창 내고저!

별과 나그네

전생의 친구인 듯 옆자리 앉아도 되겠니
볕바른 모퉁이 길을 여는 산국(山菊)
나그네 발길 잡는 너, 훤한 어른 같구나

불혹의 강 건너는 저녁놀 긴 언덕
산마을 허릿길로 누가 멀리 지나간다
굽이쳐 흐르는 황혼 닿는 곳 어디인가

무거운 의문사를 바람 그냥 스쳐가고
일어서라, 일어서라 팔을 끌던 이른 별
저만치 어둠의 뒷모습 적시며 따라 간다.

부도(浮屠)

한 생애 둥근 사리 깎으며 사는 건 아닐까, 아닐까

실바람 찔레꽃잎 살포시 뜨던 날도, 낙석 끝에 황톳물
울컥울컥 쏟던 날도 너울너울 흐른 강물 그 강물 가슴자
리 천길 깊고 푸른 데, 속살 점점 저미는 나달은 고여서,
단단히 고여서 이마에 단 등불 얼마나 환한지 얼마나 맑
은지 밝혀보는 심지 없는 불꽃이어라, 불꽃이어라

파랗게 눈뜨는 할* 소리, 쟁쟁 귀에 울리네.

* 할(喝)

세월론(論)

세월은 흐르는 게 아니라 쌓이는 것이라지.

세월이 그저 물같이 흐르기만 한다면 무엇이 개구리밥
못 떠나는 우포늪 칠흑처럼 두려우랴, 무엇이 희미해진 연
인의 눈빛같이 그리우랴. 서러움이 되거나 그리움이 되거
나 바람부는 가슴에 한켜씩 내려앉아 혼자 아문 상처가
되고, 오오 저기 저 봄날 터지는 갈래꽃 무늬가 되는 것
을,

세월도 나이 들면 손금 같은 길을 낸다.

옷

다시
태어나면
나비가 되어 오리

하나
둘
쩔렁거리는
장신구
내려놓고,

때묻은 누더기
에 벗어
개켜 두고

저 나비
앉았던 자리
가만 올라앉으리.

그리운 밀경(密經)

한번은, 가슴 복판에 이별의 피륙 펼쳐야 하리

만장 들고 가는 바람, 네 인사는 무엇인가 풋내나는 복
사빛 뺨 보리수 아래 울고 있다 삼천 석, 삼천 냥 어깨 걸
친 빈 바랑 어두워, 어두워서 그 이마 어두워서 망초꽃 흩
어진 언덕 맨발로 내려오나

푸른 못, 어린 두 눈에 어스름별 뜨는 저녁

어느 생애

―어머니의 초상

싹 틔운 그 자리 깊은 뿌리 내려 두고
몸 누이는 고목처럼 살아온 길
땡볕에 타들어가도 풀빛 그늘 드리웠네

세월보다 느린 강물 꽃잎 따라 흘러가고
약봉지에 꼭꼭 싸둔 사랑이란 말씀 뒤엔
늪지의 개구리밥처럼 한 생애 떠오르네.

바람결

눈이 오면 짐도 벗고 먼 곳으로 떠나고 싶다

낡은 집 지우고 낯익은 산과 산, 길을 여는 길 따라 너홀너홀 가고 싶다 가벼운 주머니처럼 활엽수들 여윈 몸 사이사이 발자국 남기고 검정 코트에 꽃무늬 눈송이 달고 싶다 빈 나무들 어깨 위에 새하얀 깃을 꽂고 참았던 이야기 속살거리듯, 힘없는 묵은 풀과 낙엽 아래 움츠린 몸집 작은 벌레들과 목례하는 바위에게 손길 잠시 얹어주고 나지막한 웃음소리 흔들며 산길 오르고 싶다 때묻은 동고비를 만나고 글썽한 눈빛으로 붉은 열매 건네주는 비자나무 숲길에서 착한 몸짓 배우고 싶다 절집의 뜰 돌아 결빙의 물길 돌아 떨어지는 약수 같은 피가 되어 차갑게 굳어지는 새벽 혈관 굽이돌아 따스하게 흐르고 싶다, 흐르고 싶다

눈발과 엉킨 바람이 풍경소리 밀고 가듯.

자목련 아래서

목 시린 2월
바람 자는 날에만
볕드는 세상 꿈꾸어 온 자목련
깨어나 남으로 낸 창 조금씩 열고 있다

꽃샘도 기다림도
헐어내는 나뭇가지
텃새들 가벼이 음표를 물어 나르고
햇살도 솜털 낸 기도서 조금씩 열고 있다

긴 겨울 견디어 온
해묵은 부피는
부끄러움 지운 설레임으로 맞닿아
자색 옷 순백의 속살 조금씩 열고 있다

표현

문득 외롭다 사무치게 그립다
호흡은 낮아지고 유난히 높은 천장
겨울산 휘돌아오던 그 바람이다, 오늘은.

명자꽃의 말

네가 무엇이라고 억센 바람 비껴 가고
백설(白雪) 어두운 무게 가뿐히 벗었겠느냐
이 땅에 피고 지는 넌들 왜 그 한파 모르겠느냐.

춘삼월이 뭔지 몰라, 세 살 같이 난 몰라.
소월길 가는 길목 포장집 잔소주랑 터덜터덜 올라와 불
꺼진 빌딩 숲 오래오래 바라보는 아버지 굳은 표정, 죄 없
이 배고픈 갓난아기 울음소리 난 몰라요, 몰라. 삼 년 치
품삯 소매치기 당하고 쫓겨가지도 못하는 외방의 근로자
잘린 손목 난 몰라요, 몰라. 눈물의 대처분을 처분하지 못
하고 한숨짓는 시장통 난 몰라요, 몰라. 새벽시장 오뎅국
물 몇 사발을 들이켜도 팔려가지 못하는 잡역부 명치끝에
뭉클뭉클 뭉친 울음 난 몰라, 몰라.
그 기쁨 감추지 못해 참은 웃음 불거지네.

물빛 소매 걷어붙이고 와글대는 꽃망울처럼
쇳소리 바람소리 조목조목 가르치는
새빨간 네 거짓말로 착한 눈 빛난다.

제2부 겨울 약속

상처

온전히
나의 뜻으로
바다는 출렁이고
바람에 실린 향기처럼
너는 떠나 버렸다
꽃처럼
떨어진 꽃처럼
빈 씨방으로
울었다.

편지

쓸쓸한 시간을 위해
기대서는
작은
창

우표 안의
작은 새도
뺨을 붉혀
우는데

바람은
귀 먼 영혼을
후려치고 갑니다.

낙뢰 · 1

지상에서 맺지 못한

너와 나 만나서

푸른 깃 부딪치며

서러운 밤 포효할 때

불씨들 기립한 천지

찬미하라

이 절정.

낙뢰·2

살아선 따를 수 없어, 따를 수 없어
막대 끝 접시 하나 아린 눈을 감는다
멈춰도 꺼지지 않는 버나쇠 그 눈빛

아니다, 이건 아니다.
그래도 아니다.

바람부는 들판에 통속적인 들꽃무리

그 하얀 의식의
산(散)
화(花)

어디로 너는
가는가.

별똥별 긋고 간 자리

별들은 무얼 가졌기에 저리 밝게 웃는가 일손 놓고 고
장난 계산기나 두드리는데, 잃은 것 모두 네게로 가 빛이
된 건 아닐까 언제부턴가 우리 나라엔 밤이 일찍 찾아오
고, 가로등 드문드문 졸고 있는 고속도로변 풀꽃들 흔들어
대던 흙바람도 오지 않아 돌무더기 뿌리내린 텃밭으로 달
려와 땀방울 무딘 호밋날 부딪쳐야 할까 보다

별똥별 긋고 간 자리 푸른 풀은 돋으리.

깍지벌레

오너라 네 뽀오얀 귓볼 만져보자 내 영혼 한꺼풀 씻어
내고 헹구어도 불현듯 되살아나는 꽃잎 같은 그대는 손톱
으로 퉁기고 짓누르고 터뜨려도 여린 내 살갗에 그토록
살아 남아, 총총히 들어와 박힌 깍지벌레 혹은 사랑.

창(窓)

몇 마디 안부와 또 허전한 포옹
에어프랑스 굉음보다 더 빨리 사라졌다
당신도 만져 보았나 그 차가운 온기를

혼자 부딪는 찻잔 하나의 오후와
푸르게 찍혀오는 새벽 텃새 울음
흰 깃에 풀없이 누운 머리카락 몇 올과

누군가 헤쳐 놓은 한강변 불빛들이
타인들 어깨 위에 웃음을 달고 있다
자폐의 하얀 커튼을
눈발처럼
내리는
창.

바위·1

땡볕에 나돌다
제풀에 꺾이고 마는

아직은 연초록
어리고 성긴 5월

묵묵히 등 두드리며
쉬게 하는
늙은
평화.

바위·2

흰 적삼
풀리도록
귀쌈을 후려쳐도

천 년 무게로 앉아
소리 없이 웃을 뿐,

풍란(風蘭)은
펼친 가슴팍
다시 짚고
내린다.

귀 먼 너에게

서러움의 뒷모습은 또 어떤 빛일까

고단한 속눈썹 하나 들꽃 만나러 간다

이름도 풍화해 버린 풀잎 같은 꽃들을

다시, 귀 먼 너에게 다시 묻지 않으리

안개 내린 11월에 온몸을 수장하고

품어도 눈 먼 사랑을 놓아준다 놓아준다.

겨울 약속

하얀 나비 한 마리 앞서 가던 무밭께

풀이란 풀에 축복 내려 주던

그 사람 따라온 바람 덧문 가만 흔드네

산비탈 낡은 집 잊혀진 줄 알았더니

산마을 폭설에 누워 길 잃은 줄 알았더니

검정 옷 흰 어깨 털며 환히 나를 부르네.

산나리는 피었네

맑은 차 마시고 먼 저자 바라본다
상점마다 이름이 된 너를 마주치며
괜시리 풀잎 스치는 건 궂은 바람일거야

내 마음 낮은 데 아직 자는 너의 숨결
잿빛 구름 지나다 햇살 가리워도
그 산정 풀섶 헤치고 산나리는 피었네.

만유인력

못 가네, 언 발로 동동 가면 가련만
하루살이 한 생을 산다 해도 좋으리
좋으리, 날개옷 입고 훨훨 갈 수 있으니

온몸으로 추락하는 홍옥은 제 아픔 아는지
흙 냄새 맡으며 사그라지는 저 모순
조용히 떠나고 싶네, 놓아주게 떠돌이별.

가물치에게

가두리 속 가물치 뜰채 위에 올라앉아
먹빛 물길보다 깊이 허술한 세월 압도한다
비릿한 힘의 기울기 외면하는 내 잡식성

무엇을 기다렸건 저건 저승 눈빛이다
뱀 개구리 통째로 삼킨 약발보다 뜨겁게
압력솥 치받는 자세로 악쓰는 건 사람이다.

가을운(韻)

별이거나 들꽃쯤으로 다시 올 수 있다면

그 중에도 독 없는 노란 별 하얀 꽃 되어

사람의 등불이 되고 울타리도 된다면,

내가 살아가는 동안 무심코 던진 화살들

먼 곳까지 찾아가 거둘 수 있다면,

마침내 이 땅에 돌아와 바람막이 되겠네.

음 2월 병아리

외풍 센 방안에서 혼자 놀던 어린것이

봉지에
이백원짜리
제 모습 담는다.

더러는 깨진 무릎도 제 손으로 닦아 매고
쪼르르 공터에 모인 산번지 코흘리개들
고만한
서러움끼리
햇살을 쪼고 있다.

카루소의 아침

　어젯밤 누운 그대로 있고 싶다 행복 아니어도 멈추고 싶은 때 있어 마지막 가을 아침 안개 속에 갇혀 있다 아득한 유죄의 달력 한 장 내리며 저 사람 슬픈 노래는 노래가 아니다 지는 잎 스치며 떠난 그를 향한 절규다
　어디로 돌진하든 바람은 죄가 없다 스스로 무거워진 짧은 혀와 긴 그림자 무섭다 감각 없는 질주, 자꾸 열리는 시야 두렵다 활주로에 남아 있는 오후 네 시 버려진 단어들이 자석처럼 엉겨 온다 바닥을 할퀴며 가는 금속성 느린 행적

꽃들은 도망가고 반쯤 붉은 철골 사이
기진한 환형동물 한 마리 집으로 간다
메마른 아스팔트 맨살로 닦으며 간다.

제3부 상도2동 산번지

한강부근 에피그램

―상판과 교각 사이

뺨이라도 쳤다면, 욕이라도 했다면
그게 아니라고
좌표 다시 놓을 텐데
금이 간 타조알 하나
뒤꿈치를 들고 간다

조금만 더 아프다면, 조금만 더 무겁다면
버릴 것, 무너질 것,
화르르―
날릴 텐데
사랑니 몰래 썩는 중
철근골조 삭는 중.

황진이 별곡

신은 석양을 그리다가 망쳐 버렸다

앞뒷산 붓자락에
먹물 반쯤 잠겨 버린

이런 날
이른 별빛도
목메이는 설움이다

아니, 서러운 건
별도 아닌
눈물도 아닌

시드는 꽃이다
팽팽한 자존이다

처절한 이 포복에도 까딱 않는 님이다.

생명을 위하여

"야생화"는 아닐 테고, 누구라 불러 줄까
나고 싶은 그 자리 봄 하늘 차지하여
고 작은 배꼽 근처엔 햇살 가득 놀지만

너는 이 세상 아기 되지 못한 발가락
낮은 담장 흙길로만 게걸음 따라 하나
고단한 시절 모르는 하얀 별로 반짝이나

아지랑이 아른거려 눈 못 뜨는 맑은 날
젖살 오른 노랫소리 잉잉잉 우는가 봐
어쩌나, 우리 맘 어두워 듣도 보도 못하니.

봄비

누웠던 정물들 춤추고 있구나

익명의 성금이 답지하고 있구나

이 나라 목마른 영혼 속 풀고 있구나.

먼 길

세상이 연(蓮)이라면, 꽃만 보았을 거야
백일맞이 아기 두 볼 같이 솟아오른
더러운 물에 살아도 물 묻지 않는 꽃
콩알처럼 웅크리며 세상을 비켜 가던
벌레는 알몸으로 긴 겨울 건너 와서
따뜻한 피 돌지 않는 나의 몸 문지른다
그래, 피가 돌고 이슬 같은 눈물 고여
진흙 속 연꽃으로 피어날 수 있다면
연초록 오월의 양지 다시 펼쳐 놓으리
하늘에 닿지 못한 어린 나의 기도는
난간에 선 아기처럼 푸른 바람 불 때마다
굽이진 연잎 구른다 떨어질 듯 떨어질 듯.

SF

　살가루 흩날리며 숯불구이 익어갈 때 외계에서 날아 온
무산계급 일단이 산 채로 한 줄에 꿰어 사람들을 씹는다
뒤집어진 것들이 일제히 일어선다 난자당한 뼛가루가 수
족을 찾고 있다 인간이 유린한 삶이 죽창 들고 밀려온다
어쩌나, 소리없이 눌러버린 작은 것들이 저지선을 뚫고 인
해전술처럼 쏟아진다 누구도 그들을 팔아 단죄할 수 없었
다.

막간

죽은 예언자의 말에 현혹되지 말라는
아나운스먼트에 사람들은 안심한다
오늘도 어린 사과나무 의심 없이 심는다
끝내 벗겨지지 않는 아픈 구두 신고
약속이라도 한 듯 시계를 보며 일어선다
구둣발 밟고 밟히며 지하철로 들어간다
영락교회 비탈에서 방언하다 쫓겨난
그때 그 떠돌이가 구멍난 모자 쓰고
신들린 방백을 한다 등장인물 지나간다
큰 소리로 지껄이다 손가락질 마구 하다
모자를 팽개치고 주저앉아 울다 웃다
총총히 지팡이 짚고 처진 길로 사라진다.

접경에서

목쉰 12월이 창 밖에서 매달린다
창살에 유리벽에 알 수 없는 글을 쓴다
그리운 문맹 남겨두고 떠나가는 바람아

몽롱한 별빛 뜨고 보드라운 타인의 살
주전자에 물이 끓고 안에서 누가 웃는다
습기 찬 외투를 벗고 가볍게 웃는다

수화(手話)를 가리운 첩첩의 휘장 사이
지느러미 흔들며 시제 두엇 빠져나간다
유성이 검은 건반에 비탄조로 휘어진다.

겨울 삽화

어떤 폭력으로 이 거리가 좁혀지겠니
꽃이란 가슴에다 달 건 못 되더라
밀월을 꿈꾸게 하던 그대들의 다짐 같은

이렇게 때를 묻히며 살아갈 수 있구나
더는 참을 수 없게 갈증이 나 왔지만
찻잔을 마저 비우고 일어서야 하겠지

멀어지는 풍경 바라보듯 멀어지는 눈빛 있다
전선에 참새 내몰며 뿌리치는 전동열차
어른이 된다는 일은 북풍보다 매섭다.

박재삼론(論)

집주인 누구인지, 빈 뜨락 목련 가지에
4월로 가는 햇살 맑게 걸립니다
허름한 신사복 혼자 꽃구경을 합니다

잎도 없는 나무에 꽃그늘 내리는지
젖빛 화안한 이승 모자는 두고 왔습니다
어쩌다 하, 좋다 해가며 꽃냄새 맡습니다

가난해서 죄 안 짓고 노래해서 참말 하고
세상에서 제일 선한 눈빛 하나
웃다가 그렁그렁해선 왔던 길 도로 갑니다.

약속

하얀 찔레꽃이라 더러는 들국화라

이 작은 토기에 넘치도록 채워 주시니

영원히 그날 그 꽃은 시들지 않겠습니다

우리들 꽃반지는 생(生)의 손가락에

빈말처럼 걸어두는 꾸미개 아니었다고

수줍은 별에게 일러 한 날을 짚어 둡시다.

낙화

봄빛 하도 고와 그늘 따라 가는 길

그 여인 너른 치마폭 누가 여기 펼쳤는가

이 발길 어디 놓을까 마음 잠깐 머무네

벌레거나 바람이거나 한 번쯤은 보았으리

흥건히 고인 물 왁자한 4월의 화장술

지난 밤 절정의 순간 담을 넘어 들린다.

나비 설화(說話)

그 누가 가두었나, 퍼득이는 저 나비떼 투명한 마천루
에 은빛살로 떠돌다가 장주(莊周)의 낮잠 뒤편에 날개 접
고 앉은 오후.

꿈 밖으로 나와 보니 장다리꽃 문을 열고 환히 열린 물
소리도 그대에게 가는 길 한 쌍의 배추흰나비 물길 따라
갔다 하네.

어떤 이름

세계일보 지나 요철 많은 골목길
서성이는 유리집 속 분냄새가 예쁘다,
그 빨간 배경에 젖어 배꽃처럼 예쁘다.

더러는 들병이 시대 하루치 통증같이
하수구 와사 속에 너희 피가 섞일지라도,
그것은 신(神)이 달아준 또 하나의 이름이다.

상도2동 산번지

갓밝이 산번지 꽃치자 향기처럼

민통선 북단 마을 총총별 데려와

가난한 도시의 창문 심지마다 내려놓고

푸른 새알 서너 개 배고픈 둥우리

알전등 환히 웃는 저녁 소반 숟가락 소리

한 토막 자반 고등어 아버지를 기다렸네.

제4부 수수꽃다리 아래서

섬

멍든
살을 깎아
모래를 나르는
파도

천갈래 바닷길이여, 만갈래 하늘길이여

옷자락 다 해지도록 누가 너를 붙드는가.

무·무소유

잊어야 한다는 건 잊혀지는 일보다 더 아픈 것

그래, 사랑은 해안도로 휘돌아 휘돌아서 맘속 빈자리
다시 짚고 가는 것 어쩌다 사람 닮아 물이 되고 흙이 되
고 삼계(三界)를 돌고 돌아 흘러흘러 가는 것 뼛속 빈자리
다시 치고 드는 그것,

토담집 헐린 하늘로 새 한 마리 길을 낸다

비탈을 오르며

외등 아래 풍뎅이 느릿느릿 가고 있다

처진 가방끈에서
발자국 툭툭 떨어지고
어둠은
4월 나무들 뒤켠으로 물러섰다

등(燈)보다 화안한 개나리 입술

배고픈 벌레도 먼 데 있는 저를 찾아
떨어진 꽃잎 헤치고
길을 내며 가나 보다.

봄 하루

사랑한다 말하면 떠날 것만 같아

근지럽게 충혈된 가슴 두 팔에 감아쥐고

벚꽃들 일제히 울다, 지천으로 무너지다.

물고기 한 마리

바닷물도 숨이 가빠 새파라니 올라온
화엄사 각황전 추녀 끝에 물고기는
땅그랑 땅그랑 울며 하늘못을 맴도네

사람들만 사는 세상 높은 굴뚝 연기 매워
살랑살랑 꼬리 저어 바람 따라 가다 말고
떠나온 물길 그립다, 가을비나 부르네.

풍경, 12월

때묻은 동고비 눈발 걷고 찾아 온 곳
움츠린 목덜미가 허기보다 안쓰러워
글썽한 비자나무 숲 붉은 열매 달고 있다.

일기

라일락 꽃잎 사이 숨겨진 둥우리에
꽃향기 그를 닮은 산새알이 꿈을 꾼다
남몰래 동그란 희망 품에 넣고 내려 왔다.

겨울 양수리에서

강바람 가는 대로 갈잎들 몰려간다
깃털 푸드득 세웠다간 고개 첨벙 담그고
사람도 까르르 까르륵, 물 속 구경하고 싶다

걱정 없는 물새야, 밀려오는 물살 좀 보아
누운 풀잎 강둑 지나 찻물 끓는 난롯가에서
물새야, 이리 와 함께 언 맘까지 녹이자.

수수꽃다리 아래서

너의 향기로 하늘 가만 흔들린다

너의 빛깔로 아스팔트도 물든다

몸집 다 커버린 나는 무엇으로 흔들리나

하늘 땅 가득 펼쳐 든 한 그루 나무 위에서

햇살에 찡그린 누더기 내다보며

가녀린 참새 목소리 깃발처럼 펄럭인다.

담쟁이

수직으로 포복하는 외진 벼랑 푸른 잎새

손톱 세운 물살 야윈 어깨 할퀴어도

타버린 열매는 남아 물새 소리 듣고 있다.

아홉 살 달개비꽃

외딴길 달개비꽃 늙지 않는 저 매무새

　저것이, 반공중에 노닐다가 살포시 내려와선, 눈을 뜨면 가만 앉아 속내까지 물들이는 도란도란 도랑물 그 소리도 불러오고, 눈감으면 감는 대로 이끼 푸른 돌담 사이 팔락팔락 날아가며 나비춤을 추는데, 고무신 벗겨질라 분홍치마 찢어질라 파란 날개 두 손에 함빡 안겨 오려는데

　누굴까, 어서 가자고 아이 손을 잡는 이는.

달력을 걸며

새 달력 걸 자리에 못질을 하면서 내 서툰 지난 일에
여윈 볼 붉어진다 뉘라서 어린 그날을 돌이킬 수 있으리
삶이란 선과 악의 교직이라는 시구(詩句)처럼 선이거나
악으로 기억되고 잊혀져간 우리들 행적은 쌓여 삼백예순
날이리니
헐거운 연장들 비척이는 소리와 분단된 심연의 갈등과
지루한 우리 사실(史實)들 골 깊은 능선을 지나 된바람에
쓸려가라

신열나는 이 땅에도 밤새 눈 내리고

금강석 빛살 같은 햇살받이 숫눈길

발 시린 멧새들에게 법화경을 읽어준다.

새

버리자, 주머니 속 문명 찌꺼기들

날자, 세속의 숲지나 될수록 멀리 높이

꿈마저 꾸어지지 않는 깊은 잠의 먼 수렁.

길

먼저 가는 세월 지금 아프다 해도
스스로 무너지는 아침보다 서럽지 않아
가벼이 내려설 그곳 어디인지 몰라도
이 길 최선인지 정말 나 몰라도
한 번은 눈감고 한 번은 외면하고
흐르듯 가야 할 날에 먼저 꽃을 꽂는다
아껴 간직해 두자 먼 훗날 훗날에
오월 새벽 산빛처럼 때죽나무 향기처럼
하늘 참 푸르다고 목례쯤은 나누게.

김유정론(論)

산골마을 실레에 봄비 오고 있나 보다
헛간 혼자 숨어 담배 피는 어린 유정
느릿한 연기 사이로 어머니 가고 있다
살내음 물씬 나는 그 여인 젖은 머리
핏빛 연서 밟고 가는 짝사랑 인력거를
숨어서 바라보았다 한 시대의 우울처럼
기침 터지듯 부풀어 터지는 꽃
금병산 봄이 오면 휘장 걷어내고
맨발로 뛰어가야지 점순이년 수탉같이
수수밭 굽이돌아 황혼 따라온다
들병이 너훌대고 수수 모가지 너훌대고
막다른 생애의 길섶 하모니카 부는 사내
새앙나무 노란 꽃이 지천으로 흔들릴 때
나그네 뒤따르며 신발 끌던 시절처럼
그 착한 조선을 두고 뜨지 못해 우나 보다.

이 아침, 트럼펫 소리는

－세기말 한파를 보며

그것은 별이었다, 첫새벽 쏘아올리는 그리움이었다.

돌아오라, 돌아오라 우리 나라 한 복판에. 아버지가 잃은 별, 어머니가 꿈꾸던 별자리, 풋내나는 꿈자리까지 돌아와 돌아와선 불꺼진 일번지 허리 휜 산번지에 키작은 희망이거라, 육십 와트 눈빛이거라. 고개 한껏 젖혀 들고 푸르게, 푸르게 쏘아올리는 그것은 아침마다 새로 피는 무궁화였다. 아니, 아니 물오른 바람소리 그 솔바람 소리였다.

그것은, 골골 샅샅이 휘젓는 풀빛 전령(傳令)이었다.

삶의 결핍을 견디는 희망과 아름다움에의 동경

김 춘 식

문학평론가

1. 형식을 준수하는 시인

시인 홍성란의 시조는 외부의 사물에 대한 따뜻한 시선에서 흘러나오는 내면의 '교감'이 쉽게 느껴진다는 점에서 가장 중요한 시적 특징을 발견할 수 있다. 특히 중장을 사설조의 가락으로 유난히 길게 쓰는 개성적인 형식은, 사물과 그 사물의 주변적인 정황 또는 자연적인 풍광의 변화를 세심하게 그려내고자 하는 시인의 욕심을 반영한다. 중장이 길게 쓰여진 시조는, 단시조나 연시조에서 볼 수 없는 묘사적인 사설가락이 핵심적인 기능을 함으로써, 사물과 시인 사이의 조화로운 교감을 표현하는 데 비교적 적합한 형식적 특징을 보여준다. 따라서 이런 형태의 시조는 그녀의 시적 개성 중에 한 부분을 온전하게 드러내는 중요한 형식 자질이다.

　여타의 현대시조 시인에 비하면, 홍성란 시인은 형식적인 규범을 의식적으로 준수하려고 노력하는 시인이라고 생각된다. '정형시'인 시조를 현대적인 시형으로 계승한다는 취지에서 본다면 이런 형식 준수의 태도는 무척이나 중요한 것이다. 그러나 다른 한편 시조의 율격으로부터 현대적인 정서에 맞는 새로운 율격과 시형을 만들어 나간다는 취지에서 본다면 이런 형식준수의 태도는 다소 고루하고 보수적인 것으로 보일 수도 있다. 다른 시조시인들이 현대시조를 형식보다는 율격적인 특징과 리듬에 주목함으로써 시조의 형식을 자유시와 상당히 밀접한 수준으로 개방해 나가고 있는 추세에 비추어 보면, 그녀의 시는 전통 준수적이고 규범 준수적인 차원에 머물면서 언어를 다루는 일에 각별히 세심한 주의를 기울이는 편이다. 이런 점은 그녀의 시가 비교적 짧은 단형이라는 점, 또한 장형인 경우도 중장의 사설적, 묘사적인 가락과 리듬에 주로 의존한다는 점에서 쉽게 확인이 된다.

　예를 들면,「담색어리표범나비」 연작,「그리운 별 혹은 갈망」「별과 나그네」「어느 생애-어머니의 초상」 등 비교적 단형의 작품과「봄이 오면 산에 들에」「창(窓) 내고저, 창(窓) 내고저」「부도(浮屠)」「세월론(論)」「그리운 밀경(密經)」 등의 작품을 서로 비교해 보면 이런 점이 서로 대조적으로 드러나고 있음을 쉽게 확인할 수 있다.

2. 풍경 묘사와 몰입된 '정서'

그럼, 먼저 「담색어리표범나비」 연작을 살펴보기로 하
자.

   ① 술잔도 5도쯤에서 흔들흔들 웃고 있다
      숨결 향기롭게 풀어혜친 하오
      희미한 복선을 깔고 슬라이드 돌아간다

      바보 같은 꽃들아 긴 모가지 거두어라
      취한 듯 앉았다가 그늘 걷듯 가버릴
      한 떼의 금빛 무리 속 벌레처럼 누웠구나.
                               −「담색어리표범나비 · 1」

   ② 눈물의 볕살 아래 피어난 꽃들이여

      적막한 도심에서 홀로 지는 꽃들이여

      사(赦)하라. 이 무죄의 굴레, 이 철책의 방랑벽,
                       −「담색어리표범나비 · 2」 전문

인용한 두 편의 시는 앞에서 말했듯이 홍성란 시인의
시 중에서 비교적 단형(短形)에 속하는 시들이다. ②의 시
는 각 장이 연으로 독립된 전통적인 평시조형이고 ①의

시는 두 개의 시조가 연속되어 각각 독립된 연을 이루고 있는 연시조의 형태로 구성되어 있다. 결국, 홍성란 시인의 시조는 현대시조이면서도 단형의 시조인 경우에는 전통적인 형식을 비교적 착실하게 따름으로써 연시조나 평시조의 형태를 취하고 있는 점이 특징적이다. 이런 특징은 그녀의 시조가 단형인 경우에는, 시조의 전통적인 형식을 변형하거나 새롭게 적용시키는 '파격'을 거의 사용하지 않을 만큼 형식 준수적이라는 사실을 다시 확인하게 한다. 그리고 이런 형식 준수적인 태도는 그녀의 시적 향방을 세밀한 '언어표현'을 추구하는 쪽으로 자연스럽게 이끌고 있다.

인용한 두 편의 시에서도 이런 특징은 확연하게 눈에 띈다. 하오의 햇살 아래 흔들거리는 꽃들과 나비의 풍경 속에 '취한 듯' 생(生)을 관조하는 자세와 '정서'를 투사하고 있는 시인은, 절제된 언어만이 표현할 수 있는 절박한 '느낌'을 이미지화하는 일에 온전히 몰입하고 있는 것이다.

홍성란 시인의 시에서 '몰입된 정서'와 풍경에 도취된 '시적 자아'를 발견하는 일은 이런 점에서 거의 '인상적 차원'의 감상만으로도 가능하다고 여겨진다. 이렇듯 표면화된 시인의 정서는 시의 전체적인 분위기를 주도하는 요인으로 작용함으로써 그녀의 시를 '풍경'과 '몰입된 정서'라는 두 개의 미적 특징에 주목하여 읽게끔 유도한다. 다시 말해서 그녀의 시는 회화적인 풍경과 함께, 객관적인 묘사를 초월하는 정서의 투영이 위태롭게 혼합되어 있다.

이런 위태로운 혼합은 그녀의 시적 풍경을 객관적인 풍경 묘사에 의한 것이 아니라 마치 인상파의 그림을 보는 것 같은 착각을 느낄 만큼 극히 모호한 정서에 의해 덧칠이 된 상징적인 장면으로 바꾸어 놓는다. 홍성란 시인의 시에는 어떤 모호한 느낌과 정서가 강하게 풍겨 나오며 그 느낌이나 정서는 시의 인상적인 장면에 육화됨으로써 오히려 단순한 풍경의 '강렬함'이라는 모순되면서도 다분히 충동적인 느낌을 전달한다.

시인의 이런 몰입된 정서는 외부의 사물 전체에 골고루 투사되기 때문에 얼핏 보기에는 외부 사물의 구체성에는 별로 주목하고 있지 않은 것처럼 보인다. 그리고 실제로 이 점은 외부 사물 전체에 자아의 주관적인 정서를 일방적으로 투사하고 있는 시인을 발견하게 하는 원인이기도 하다. 예를 들면, 그녀의 시적 소재는 특별하게 시선을 끌거나 혹은 시인의 정서를 매개할 만한 어떤 필연성을 지닌 대상들이 아니다. 그저 스쳐 지나가는 길가의 꽃들, 혹은 스치듯 지나쳤던 장면에 관한 인상이나, 배경적인 요소에 해당되는 풍광이 주는 어떤 분위기에 압도된 시인의 주관적 정서가 표면화되어 있을 뿐이다.

이런 식으로 배경과 분위기에 압도된 '정서'에 스스로 몰입하여 시각적 인상을 되씹는 시인의 창작방식은, 그 내용의 불명확성과 모호성 그리고 사물과 소재의 추상화라는 다소의 결점을 노출하기도 한다. 그래서 간혹 그녀의 시는 역설적으로 계몽적이고 감상적인 전언으로 읽히기도 한다.

「어느 생애-어머니의 초상」 같은 작품은, 대상의 이미지가 비유적인 진술에 의해서 오히려 추상화되었고, 대상에 압도된 시인의 주관적 정서는 이 시의 감상성을 부추기는 요인으로 작용함으로써 모호성과 감상성이라는 함정에 그대로 빠진 대표적인 작품이라고 할 수 있다. 이런 식의 결함을 보이는 작품과 세밀한 언어 표현이 돋보이는 작품이 한 시인에게서 동시에 쓰여질 수 있는 까닭은, 시인의 형식 준수적인 강박감에 일정 정도의 원인이 있다고 여겨진다. 우선 시 「어느 생애-어머니의 초상」은 시조적인 형식틀(글자수, 운율)을 맞추는 데 급급한 인상을 주고 있고, 이 점은 그대로 내용의 상투성과 이미지의 불명확성, 정서의 감상성을 여과 없이 노출하게 만드는 주요한 원인이 되고 있다. 시적 정서의 필연성과 대상에의 밀착성이 시적 형식틀에 의해서 상대적으로 희생된 결과이다. 이런 점은 시인의 언어감각과 수사적 능력의 뛰어남이 역설적으로 부딪히게 되는 한계이기도 하다. 형식적 틀의 규격성과 시적 수사의 자유로운 구사력을 함께 갖춘 시인에게서 종종 시적 매너리즘이나 공허한 수사를 남발하는 상투적 미학주의를 발견하게 되는 것도 같은 까닭이다.

3. 미적 동경, 뛰어난 언어감각

앞장에서 말한 그런 위험성에도 불구하고 홍성란 시인은, 뛰어난 시적 리듬감각과 시조형식을 육화하고 있는 탁월한 수사력이 돋보이는 시인임에 틀림이 없다. 이런 점은 중장이 사설조 가락의 형태를 띤 채 길어지는 다음과 같은 시에서 특히 두드러져 보이는 장점이다.

단비 한번 왔는갑다 활딱 벗고 뛰쳐나온 저년들 봐, 저년들 봐. 민가에 살림 차린 개나리 왕벚꽃은 사람 닮아 왁자한데,

노루귀 섬노루귀 어미 곁에 새끼노루귀, 얼레지 흰얼레지 깽깽이풀에 복수초, 할미꽃 노랑할미꽃 가는귀 먹은 가는잎할미꽃, 우리 그이는 솔붓꽃 내 각시는 각시붓꽃, 물렀거라 왜미나리아재비 살짝 들린 처녀치마, 하늘에도 땅채송화 구수하니 각시둥굴레, 생쥐 잡아 괭이눈 도망쳐라 털괭이눈, 싫어도 동의나물 낯두꺼운 윤판나물, 허허실실 미치광이 달큰해도 좀씀바귀, 모두 모아 모데미풀 한계령에 한계령풀, 기운 내게 물솜방망이 삼태기에 삼지구엽초, 바람둥이 변산바람꽃 은밀하니 조개나물, 봉긋한 들꽃 산꽃 두팔 가린 저 젖망울

간지러, 봄바람 간지러 홀아비꽃대 남실댄다.

—「봄이 오면 산에 들에」 전문

　인용한 시는, 시인의 시선이 머물고 있는 풍경이 지닌 미학적 특징을 극대화하여 보여주고 있는 작품이다. 앞에서도 말했듯이 풍경과 몰입된 정서라는 시인의 중심적인 특징은 여기서도 잘 나타난다. 즉, 풍경 묘사에 치중하는 시적 화자나 그러한 눈앞의 풍경이 보여주는 아름다움에 흠뻑 빠져 있는 시인의 정서는, 홍성란 시인의 시적 지향점이 어디로 향하고 있는지를 암시하는 대표적인 징표이다. 우선 시인의 미적 인식 자체가 내면적인 정서나 체험의 고백이 아니라 외부 사물과 분위기에 젖어 들어가는 자아의 '느낌'에 치중한다는 점에서 그녀의 시가 상당부분 서경적인 경향 쪽으로 흐르고 있음을 알 수 있다.

　두 번째는 앞에서 말한 것처럼 시인의 미적 취향이 '발견으로서의 아름다움'이라는 특징을 보여준다면, 동시에 그러한 발견된 사물·풍경의 '아름다움'과 그 '느낌'은 시적·언어적 표현의 완결성이라는 '형식주의 미학'에의 지향에 의해서 비로소 시적 형식을 갖추게 된다. 결국 홍성란 시인의 특징은, 사물의 이미지 속에 담긴 아름다움에 대한 탐색과 그러한 이미지에 대한 언어적·미적 표현이라는 '장인의식의 추구'라는 말로 함축해서 표현할 수 있다.

　시적 형식과 시어에 대한 규범적인 자의식이 강한 홍성란의 시적 가치는, 따라서 그 내용성이나 시인의 내면보다는 그 표현과 형식, 그리고 사물 또는 풍경의 아름다움에 대한 발견 등에서 쉽게 찾을 수 있다.

「봄이 오면 산에 들에」는 자연의 생동하는 변화를 묘사하는 시인의 뛰어난 언어감각이 유감없이 발휘된 작품이다. 봄비 온 뒤 만발해진 꽃들의 자태를 물이 잔뜩 오른 처녀에 비유하고 마지막 3연에서 '홀아비꽃대'의 간지러움을 말하는 화자의 진술은 약간의 익살을 담은 채 원초적인 생명의 건강성을 흠씬 느끼게 한다. 1연의 "활딱 벗고 뛰쳐나온 저년들 봐, 저년들 봐"와 같은 구절은, 비속어를 사용함으로써 독자로 하여금 오히려 사설조의 익살과 함께 분방한 건강미를 느끼게 하는, 시인의 뛰어난 언어감각을 실감하게 하는 구절이다. 그리고 2연 전체의 사설적인 묘사 또한 온갖 꽃들의 생동하는 이미지를 보여주면서 동시에 꽃들을 저마다의 독특한 개성을 지닌 처녀들로 의인화하는 등 시인의 뛰어난 감각이 느껴지는 부분이다.

"가는귀 먹은 가는잎할미꽃" "싫어도 동의나물 낯두꺼운 윤판나물" "바람둥이 변산바람꽃 은밀하니 조개나물, 봉긋한 들꽃 산꽃 두팔 가린 저 젖망울" 등의 절묘한 구절은 꽃의 자태와 그 꽃 이름이 풍겨주는 이미지를 생생하게 접합시킨 뛰어난 표현들의 대표적인 예들이다. 특히 4음보의 가락을 살린 유희적인 언어표현은 마치 판소리 사설의 한 부분을 듣고 있는 듯한 착각을 일으킬 정도이다. "싫어도 동의나물 낯두꺼운 윤판나물" "바람둥이 변산바람꽃 은밀하니 조개나물" "가는귀 먹은 가는잎할미꽃"

등 꽃 이름을 이용한 민요적인 말장난(fun)은 시적 흥취를
높여주며 시의 리듬감을 독자들로 하여금 자연스럽게 호
흡하게 하는 기능을 하고 있다.

4. 결핍된 삶의 기억과 희망에의 동경

아래 인용한 「창(窓) 내고저, 창(窓) 내고저」와 같은 작
품은 앞에서 말한 형식적 특징들 외에 시인의 사적 체험
으로부터 연유하는 홍성란 시인의 고유한 자질과 특징을
보여주는 대표적인 작품이다.

　　봄 들면 언 땅 녹아 가을비 오면 흙이 물러
　　닭장 엎고 토끼장 덮치던 언덕 아래 우리 집은
　　보상금 몇 푼에 헐려버린 슬레이트 이은 집

　　남몰래 쌓여온 허기 나눌 수는 없어라
　　퍼내고 퍼내어도 장마 지면 물 괴는 부엌바닥, 나란히 앉은
　　아궁이 옆엔 한 평 마루 누워 있고 구멍난 지붕 부끄러워 아무
　　도 모르는 우리 집, 어둠 오려낸 채광창 쏟아 붓는 별무리 팔
　　베개에 안겼네, 작은 우주 흘러왔네『제인에어』행간으로 햇살
　　이 들여다보고 가랑잎 신문조각도 이마 위로 다녀가고, 털끝
　　하나 못 건드리고 모래바람 쓸고 가면 우느냐, 왜 우느냐 나중
　　으론 별들이 와 맨마음 환히 달래던 그리운 개발연대(開發年
　　代)

어두워, 왜 오늘 어두워 천장으로 창 내고저!

―「창(窓) 내고저, 창(窓) 내고저」 전문

홍성란 시인의 다른 작품들과 달리 이 시는 사적 체험에 기반한 구체적인 기억에 그 소재를 두고 있는 작품이다. '개발연대'를 보낸 시인의 성장기 체험을 통해서 현실을 다시 바라보는 시적 화자의 말투에는 따라서 다른 작품들과 달리 내면성이 강하게 드러나 보인다. 앞에서도 말했듯이 홍성란 시인의 작품은 사적 기억과 내면성에 대한 고백보다는 외부사물과 풍경에 대한 정서적인 일치감을 미학적으로 승화시키는 데 뛰어난 성취를 보여준다는 점에 비추어 생각해 보면, 이 작품은 다소 이질적인 경향을 지니고 있는 셈이다.

그러나 다른 한편 이 시는 독자로 하여금 시인의 숨겨진 가능성을 발견할 수 있도록 유도해 주는 작품이다. 즉, 이 작품은 여러 가지 측면에서 시인의 숨겨진 시적 자의식을 파악할 수 있는 단서를 우리에게 남겨준다.

'시를 쓴다'는 행위가 시인 스스로에게 어떤 의미를 지닌 것인가를 살펴보는 일은, 실제로 시인의 세계관이 그의 시 안에서 어떻게 노출되는가 하는 문제와 밀접한 관련이 있다. 홍성란 시인의 시는 대부분 사물의 풍경과 그 풍경 속에 담긴 정서에의 몰입을 통해 시적·형식적 완결성을 지닌 작품을 생산하고자 하는 열망을 담고 있다. 그리고 이런 형식적 완성에의 열망 이면에는 시인이 지닌 '아름다움'에의 동경이 근본적으로 존재한다. 그녀의 '아름다움'에의 동경은 이 점에서 시인에게는 하나의 결핍된 '욕망' 혹은 '욕구'라고 할 수도 있다. 삶에 대한 미학적 욕망의 투영이 싹트면서 '삶'과 '시'는 동일한 미적 성취의 대상으로 변하는 것이다. 실제로 위에 인용한 시 「창(窓) 내고저, 창(窓) 내고저」는 삶에 대한 시인의 미적 인식과 욕망이 싹트게 된 계기를 보여주는 작품이다. 1연에서 보듯이 생활과 삶의 가난·결핍은 시인의 시적 욕망의 근원지이다.

"남몰래 쌓아온 허기 나눌 수는 없어라"라고 말하는 화자가 그러한 가난과 결핍을 이겨낼 수 있었던 것은 "구멍 난 지붕 부끄러워 아무도 모르는 우리 집, 어둠 오려낸 채 광창 쏟아 붓는 별무리 팔베개에 안겼네, 작은 우주 흘러왔네 『제인에어』 행간으로 햇살이 들여다보고 가랑잎 신문조각도 이마 위로 다녀가고, 털끝 하나 못 건드리고 모래바람 쓸고 가면 우느냐, 왜 우느냐 나중으론 별들이 와 맨마음 환히 달래던 그리운 개발연대(開發年代)"라는 구절에서 드러나듯이 바로 그 시절에 대한 추억 때문이었다. 결핍된 추억 속에 문학에 대한 꿈과 별과 바람의 위로가 있었기 때문에 그 시절이 다시 그리울 수 있다는 시인의 진술에서 삶에 대한 희망을 잃지 않으려고 노력하는 시인의 독특한 자세를 엿볼 수 있다.

이 점은 실제로 이 시의 마지막 행 "어두워, 왜 오늘 어두워 천장으로 창 내고저!"라는 구절 속에서 다시 확인해 볼 수 있다. 시인의 '지금, 여기'라는 현실에 대한 '어두움' 혹은 '암담함', 그리고 '갑갑함'의 인식은 개발연대의 기억과 그 시절의 천장으로 난 '창'에 대한 간절한 그리움을 불러일으킨다. 생활의 어두움과 암담함을 구멍난 천장을 통해 비치는 별을 바라보며 또 『제인에어』를 읽으며 견디고 달렸던 개발연대에 대한 그리움은, 그 어려운 시절에도 결코 삶에 대한, 문학에 대한, 희망과 아름다움에 대한 동경을 잃지 않았기 때문에 가능한 것이다. 그러나 시인에게 '오늘'은 그러한 개발연대가 더욱 그리워질 만큼 '어둡고 답답하다'. 이런 어두움과 답답함의 원인은 생활의 궁핍과 가난이 아니라 바로 마음의 궁핍과 가난이 시인의 내면을 가득 채우는 이곳의 현실 속에 있다. 마음의 궁핍과 어둠이, 삶과 시에 대한 시인의 희망과 아름다움의 동경을 위협하고 있기 때문이다.

결국 홍성란 시인의 시가 외부 사물과 풍광에 끊임없이 주목하고 몰입하고 있는 것은 그러한 몰입을 통해서 삶을, 현실의 결핍을 이겨내는 희망과 아름다움을 발견하고자 하기 때문이라고 할 수 있다. 따라서 이 시의 마지막 구절 "천장으로 창 내고저!"는, 삶을 달래 주는 자연과의 진정한 합일과 정서적 일치를 추구하는 시인의 간절한 바램이기도 하다. 즉 모든 세계와 사물과의 교감을 방해하는 장애물을 넘어서고 싶다는 간절한 전언(傳言)이 이 구절에

담겨 있는 것이다. '천장으로 창을 내고저'라는 시인의 열
망은, 시인의 내면과 세계와의 소통을 유지시키는 '출구'
에 대한 시인의 지속적인 시적 지향을 암시하는 상징적인
행위이다.

　이런 현실의 고단함을 견디기 위한 교감과 소통의 출구
를 찾으려는 시인의 자세는 이 밖에도 「명자꽃의 말」 「이
아침, 트럼펫 소리는」 「달력을 걸며」와 같은 작품에서도
쉽게 확인이 된다. "네가 무엇이라고 억센 바람 비껴 가고/
백설(白雪) 어두운 무게 가뿐히 벗었겠느냐/ 이 땅에 피고
지는 넌들 왜 그 한파 모르겠느냐"(「명자꽃의 말」 부분)와
같은 구절은, 같은 시 2연의 "포장집 잔소주랑 터덜터덜
올라와 불꺼진 빌딩 숲 오래오래 바라보는 아버지 굳은
표정, 죄없이 배고픈 갓난아기 울음소리 난 몰라요, 몰라"
라고 하는 '명자꽃의 말'에 대한 교감을 담고 있는 말이다.
시인은 현실의 궁핍 때문에 진실을 애써 감추려는 사람들
의 내면을 바라봄으로써 거기서 오히려 새로운 '희망'을
발견하고자 한다. 그래서 이 시의 마지막 구절은 "새빨간
네 거짓말로 착한 눈 빛난다"라는 역설적인 표현으로 종
결되고 있는 것이다.

5. 훼손된 삶에 대한 보상

　홍성란 시인의 시는 앞에서 말했듯이, 풍경 묘사와 그
풍경이 시인에게 불러일으키는 '정서'에의 몰입이라는 두

가지의 표면적인 특징을 지니고 있다. 그리고 이 두 특징은 시인의 형식적 완결성과 미적인 것에의 집착이라는 '장인정신'의 추구 안에서 하나로 결합되어, 독특한 리듬감각과 수사적 어휘구사라는 시적 형식 자질을 낳고 있다. 결국 풍경 묘사에 대한 시인의 섬세한 노력은 수사적 어휘의 독특함으로 표현되며 동시에 사물에의 '정서적 몰입'은 교감을 지향하는 리듬감각과 '아름다움'에 대한 동경이라는 시인의 내면 표출로 나타난다.

특히 시인의 내면 표출은, 직접적인 진술의 형태를 지향하는 것이 아니라 사물의 이미지에 대한 '정서적 몰입' 또는 '투사'를 통해서 나타나는 것이 중요한 특징이다. 사물에 대한 정서적 몰입이나 투사는, '교감' 또는 삶과 시의 아름다움과 희망을 '발견'하고자 하는 시인의 열망에 의해서 지속적으로 나타나는 현상으로서 이 점은 시인의 사적 체험과 감추어진 '내면'의 결핍으로부터 기원(起源)하는 것이다. 그녀의 시에서, "꽃들은 도망가고 반쯤 붉은 철골 사이/ 기진한 환형동물 한 마리 집으로 간다/ 메마른 아스팔트 맨살로 닦으며 간다."(「카루소의 아침」 부분)와 같은 삶의 고통과 상처에 대한 비의를 담고 있는 장면에 대한 날카로운 주목이나, "돌아오라, 돌아오라 우리 나라 한 복판에. 아버지가 잃은 별, 어머니가 꿈꾸던 별자리, 풋내나는 꿈자리까지 돌아와 돌아와선 불꺼진 일번지 허리 휜 산 번지에 키작은 희망이거라, 육십 와트 눈빛이거라"

(「이 아침, 트럼펫 소리는」 부분)와 같은 희망에 대한 간절한 집착은, 시인의 사적 체험과 기억 속에서 형성된 희망과 아름다움에 대한 결핍, 그리고 이처럼 훼손된 삶을 보상하고자 하는 열망과 동경의 구체적인 산물이다.

홍성란 연보

1958년   충남 부여 출생.

1978년   서울여자상업고등학교 졸업.

1983년   국민대학교 영문과 수료.

1989년   『중앙일보』 제9회 중앙시조 백일장 장원.

1991년   『경인일보』 제5회 신춘문예 당선.

1993년   한국방송대학교 국문과 2년 편입.

1995년   『중앙일보』 제14회 중앙시조대상 신인상 수상.

1996년   한국방송대학교 국문과 졸업. 경기대학교 대학원 국문과
         입학.

1997년   대산문화재단 제5회 문학인 창작지원금 받음.

1998년   첫 시집 『황진이 별곡』(삶과꿈) 발간. 수원예술제 시낭송
         법 강연. 경기대 대학원 졸업(석사학위 논문 「박재삼 시
         연구—죽음 인식과 죽음 이미지의 변모 양상을 중심으
         로」).

1999년   고정국·오종문·이달균·이재창·전병희와 함께 6인
         시조선집 『갈잎 흔드는 여섯 악장 칸타타』(창작과비평사)
         발간.

현재   성균관대학교 대학원 국문과 박사과정(고전시가 전공).
         『중앙일보』 지상백일장 심사위원. <오늘의 시조학회>
         <민족문학작가회의> 회원.

참고문헌

유상덕, 「비극적 정황(情況)의 형상화」, 『시문학』, 1992. 11.

장석주, 「노래에서 기억의 시학에로」, 『시조시학』, 1994. 상반기호.

유재영, 「닫힌 공간에서 열린 공간으로」, 『현대문학』, 1995. 8.

유재영, 「젊은 시조, 젊은 시인」, 『현대문학』, 1996. 12.

김몽선, 「입은 시와 벗은 시」, 『월간문학』, 1997. 4.

장경렬, 「삶의 아픔, 그것을 견디는 일과 넘어서는 일」, 『황진이 별곡』, 1998. 5.

이경철, 「문학 화제」, 『중앙일보』, 1998. 6. 27.

염창권, 「흰빛 그리움, 기억의 등피(燈皮)」, 『열린시조』, 1998. 가을.

이우걸, 「거친 세상, 깊은 노래」, 『현대시』, 1998. 12.

이우걸, 「정겨운 생물도감」, 『시문학』, 1998. 12.

문무학, 「혼합연형시조에 대해」, 『월간문학』, 1999. 1.

고 은, 「시(詩)가 있는 아침」, 『중앙일보』, 1999. 3. 19.

장경렬, 「시조 시단의 새로운 물결」, 『현대비평과 이론』, 1999. 봄·여름호.

신경림, 「이 아침의 시(詩)」, 『한국경제신문』, 1999. 12. 13.